AF268090

JUSTE

ET NOUVEL APERÇU

DE

L'ÉTAT PRÉSENT DES CHOSES

EN FRANCE.

JUSTE
ET NOUVEL APERÇU

DE

L'ÉTAT PRÉSENT DES CHOSES

EN FRANCE.

PAR M. LE COMTE DE GRAIMBERG,

CHEVALIER DE L'ORDRE ROYAL ET MILITAIRE DE SAINT-LOUIS.

> Examinons les choses avec soin, et surtout
> avec un bon esprit ; c'est d'abord le moyen
> de rester calmes, d'être justes, et ensuite de
> parvenir au bonheur.

PARIS.

IMPRIMERIE DE LE NORMANT, RUE DE SEINE.

1817.

INTRODUCTION.

CET opuscule est la suite toute naturelle
d'un autre petit écrit qu'il m'a semblé à propos de faire paroître il y a environ quatre
mois, dans la vue de calmer les craintes,
de bannir les inquiétudes, et de dissiper les
alarmes, ainsi que je le disois alors, dont
avoit fortement frappé et en même temps
troublé les esprits, un ouvrage qui, en raison
du sujet qu'il traitoit, sorti d'une plume cé-
lèbre, et surtout par le genre d'assertions
dont il étoit rempli, avoit livré un beaucoup
trop grand nombre de personnes au trouble,
à la perplexité, à la défiance et au décou-
ragement.

Ce nouvel opuscule, je le fais paroître
dans les mêmes vues qui m'ont dicté celui
que je viens de dire l'avoir précédé, et ten-
dantes au même but, puisque trop malheureusement, malgré les plus puissans motifs
d'espoir et les plus palpables, des craintes,
des anxiétés et des agitations ne se font encore
que trop ressentir.

Si j'en ai bien étudié la cause, c'est de la prévention qu'elles tirent leur principale source; car jamais elle ne manque de traîner à sa suite et des vues erronées, et des idées bizarres, et les faux soupçons qui, tous de leur côté, enfantent la mésintelligence la plus fâcheuse, font naître les plaintes les plus injustes, donnent lieu aux accusations les plus mal fondées, et enfin à des clameurs poussées alors avec d'autant plus d'amertume, d'aigreur et d'animosité, qu'elles ont moins de sujet réel, et même le plus souvent s'élèvent contre toute vraisemblance. Surprenant et malheureux effet, que l'on peut dire n'être que trop l'ordinaire partage de l'esprit humain que l'on voit presque toujours s'attacher fortement à ce qui est douteux, faux et invraisemblable, et n'avoir en revanche que l'indifférence la plus complète pour la vérité qu'il connoît ! Bizarre et fâcheuse disposition, que l'on pourroit peut-être expliquer par la tendance extrême qui se trouve chez presque tous les hommes pour le merveilleux, pour le fabuleux, pour l'incroyable !

Ce n'est pas ici le lieu de résoudre une telle question, mais uniquement de chercher à détruire l'esprit de prévention duquel résultent toujours de bien fâcheuses suites, et surtout dans ce moment-ci où rien sans doute ne seroit plus nécessaire et ne produiroit un meilleur effet, que de voir juste, et que penser de même. Ce que je vais exposer ici contre cette fatale prévention, ne sera presqu'autre chose, que le contenu de diverses lettres que j'ai écrites à quelques amis et personnes de connoissance éloignés de la capitale, ma correspondance avec eux ayant pour but, en les instruisant du véritable état des choses, et leur montrant le point de vue sous lequel il me semble qu'elles doivent être naturellement et raisonnablement envisagées, de les prémunir et de les rassurer contre tant d'assertions erronées et de bruits alarmans que, pour ainsi dire, chaque jour voit naître et répandre.

Afin que mon exposé soit aussi clair que simple, je crois devoir le diviser en quatre chapitres, dont le premier traitera du Roi; le second, des deux Chambres; le troisième, des Ministres; enfin le quatrième, des Puissances étrangères.

JUSTE ET NOUVEL APERÇU

DE L'ÉTAT PRÉSENT DES CHOSES EN FRANCE.

CHAPITRE PREMIER.

Du Roi.

A ce nom seul, aussi chéri que révéré, quel est le Français dont le cœur ne doive s'épanouir, en se livrant à l'espoir le plus assuré de la prompte restauration de la patrie, et par conséquent de son retour au bonheur ? Car à qui donc ne sont pas connues ses vues si profondes, et en même-temps si justes, sa rare sagesse, ses vastes connoissances, sa prudence consommée, et surtout une expérience de toutes choses, acquise non-seulement par le temps , mais parvenue au comble par de longs malheurs , et quels malheurs encore ! qui chez les bons esprits la portent au plus haut degré de maturité, donc d'utilité où elle puisse atteindre ?

De plus , qui ne sait encore que, outre cette supériorité de lumières et de moyens, se trouve chez ce Prince le trésor le plus précieux pour les peuples ? l'on voit aussitôt que je veux parler de son cœur tout paternel, rempli pour eux d'un amour le plus sincère, qui de toutes les jouissances n'en fait point goûter à cet excellent Roi ni de plus douces, ni de plus pures que celles qu'il éprouve, en travaillant sans relâche à faire et à assurer le bonheur de ses sujets.

Aussi cette jouissance, qui est le comble d'ineffables délices pour une belle âme, notre si digne Roi ne cesse-t-il de se la procurer ; car le voit-on un seul instant sans être occupé du bien public ?

Tantôt, par l'emploi d'une grande partie des deniers de sa liste civile , il arrache à la misère un nombre infini d'individus souffrans ;

Tantôt, retiré seul dans son cabinet, il y médite profondément sur les meilleures lois à faire ;

Tantôt il rassemble près de lui ses ministres en conseil, il en préside la tenue. Là , il leur communique et leur développe les résultats de ses méditations ; il les entend ensuite : une discussion éclairée et approfondie perfectionne les objets s'ils ont besoin de l'être. C'est de là que nous voyons sortir ces sages ordonnances et ces utiles projets de lois qui n'ont d'autre but, en assurant aux peuples une sage liberté, que de les préserver des maux si affreux que produit toujours la licence ; et en les ramenant ainsi à la morale et à la religion, d'écarter à jamais d'eux les horreurs si cruelles qu'entraînent irrémissiblement à leur suite, et l'immoralité et l'irréligion.

C'est ainsi qu'il fonde leur bonheur de la manière la plus solide, en le plaçant sur deux appuis inébranlables ; si soi-même frappé d'un aveuglement le plus fatal comme le plus stupide, l'on n'a l'imprudence et la fureur de les renverser.

Semblable à un pilote expérimenté, ce sage Roi s'est placé au timon du vaisseau de l'Etat. Il en tient lui-même le gouvernail d'une main ferme et assurée, veillant sans cesse sur sa marche, qu'il dirige avec autant de soin que de discernement, et garantit ainsi à tous les passagers et leur entière sûreté, et la route la plus favorable pour, enfin, surgir heureusement au port.

CHAPITRE II.

Des deux Chambres.

———

Gardiennes naturelles et protectrices de la liberté despeuples, ce don à la fois si précieux et si digne d'être émané de la munificence royale, ainsi que tant de biens inappréciables qui l'accompagnent, les membres qui les composent l'une et l'autre ne peuvent, l'on doit en être bien assuré, que sentir régner dans leurs cœurs et le plus chèrement possible, deux sentimens desquels ne manquent jamais de sortir les plus puissantes ressources, et enfin les succès les plus prospères.

Le premier, sans doute, est le plus sincère amour pour le Roi, fondé sur la reconnoissance de tous ses bienfaits pour ses peuples.

L'autre est un zèle aussi pur que réel pour veiller au maintien intact des intérêts les plus chers de ces mêmes peuples, et qui sont confiés à leurs soins et à leur vigilance.

Mais ces sentimens se concilient parfaitement ensemble, et même alors ils s'accordent si bien l'un avec l'autre, que l'on peut dire qu'ils n'en font qu'un seul et même.

D'après cela, qui ne voit que l'on doit être d'avance dans une sécurité parfaite, sur la manière dont les Chambres agiront et voteront dans les objets si importans qui vont leur être présentés et proposés, puisque, d'après les sentimens qui les animent, et qui ne peuvent être autres absolument que ceux dont nous venons de parler, ce ne sera, et l'on ne peut en faire le moindre doute, que, d'une manière entièrement efficace pour assurer à jamais le maintien le plus stable de la juste autorité du Roi, en même temps que celui des droits légitimes des peuples.

C'est ainsi qu'avant l'ouverture des Chambres, je m'exprimois dans ma correspondance avec mes amis. L'on ne pourra, je pense, m'accuser de m'être trompé, pour peu que l'on considère que, jusqu'à présent, les divers projets de lois, présentés par ordre du Roi, aux deux Chambres, par ses ministres, ont tous, après une discussion la plus lumineuse, la plus approfondie, et surtout avec la liberté la plus entière dans les suffrages (1), été décrétés selon les désirs du Roi.

____

(1) En écrivant ceci, quels souvenirs se présentent à ma pensée, et combien ils sont amers, puisqu'ils me reportent

Combien il est consolant de voir ainsi procéder à la confection des lois, puisqu'il est évident que, de cette manière, il ne peut en résulter que de parfaites et les plus efficaces, pour assurer

---

en idée aux Etats-Généraux de 1789, où j'étois député, et qui, peu après leur ouverture, prirent si malheureusement pour la France, le nom d'Assemblée nationale constituante.

Il est impossible, à moins d'y avoir assisté, de se faire la moindre idée du désordre, du tumulte, de la confusion, des cris, des vociférations qui troubloient et entachoient ses séances, et surtout de l'oppression pleine de fureur et d'iniquité qu'y exerçoit avec la dernière insolence, le cruel parti qui y dominoit. Cela seroit même impossible à rendre, si la fable du Loup et de l'Agneau (de La Fontaine) ne se présentoit à propos. Je l'ai citée ; j'ai donc mis sous vos yeux le tableau, si effrayant de ressemblance, de la barbare iniquité des meneurs de cette assemblée, et du sort si déplorable et si cruel des opprimés.

De là ce déluge de maux si funestes et de crimes les plus inouïs qui, d'abord inondant et désolant de toutes parts la France avec une furie sans égale, firent bientôt sentir leur influence si funeste aux Etats circonvoisins, et peu après, presqu'au reste du monde, peut-on dire.

Mais, grâces au ciel, la France a recouvré son Roi légitime ; un père du peuple la gouverne et lui donne les plus sages lois.

Les autres Etats sont également gouvernés par des Souverains pères de leurs peuples, autant qu'amis et bienfaiteurs de l'humanité. Les maux de la France et de tant d'autres Etats qui s'en ressentoient d'une manière si fâcheuse, sont donc, on doit le dire avec la plus ferme assurance, irrévocablement terminés.

et conserver les vrais intérêts des peuples, en faveur desquels sont établies ces mêmes lois !

CHAPITRE III.

Des Ministres.

PLACÉS aux différens ministères qu'ils occupent par le choix aussi éclairé que réfléchi d'un Roi que l'on sait n'avoir rien de plus cher à son cœur que de rendre à ses peuples le repos et le bonheur, après tant d'années d'une tourmente la plus terrible et la plus désastreuse ;

Faits par sa volonté ses coopérateurs pour l'accomplissement de ses vues aussi grandes qu'elles sont remplies de sagesse, d'équité et de bienfaisance ;

Dirigés dans leurs fonctions si importantes par ce même Prince dont chacun connoît, avec l'ardent désir de rendre heureux ses peuples, la prudence et l'habileté ; sous ces divers points de vue, et dont bien sûrement l'on ne contestera pas la justesse, quelle plus forte présomption peut exister en leur faveur, des droits qu'ils ont à la confiance publique ?

Mais ces mêmes droits, pourra-t-on dire, leur conduite a-t-elle dû les leur confirmer, ou bien les affoiblir et même les leur ôter ! La réponse sera facile puisque ce sont les faits qui vont parler.

Chacun sans doute peut aisément se souvenir d'un temps de crise des plus alarmans, et qui pendant un assez grand nombre de jours tint les esprits dans un état d'anxiété, et même comme de stupeur ; l'on voit de suite que je vais désigner ici ce temps d'une perplexité la plus grande où un ministre (1), comme par l'effet d'une fascination des esprits presque générale, peut-on dire, regardé comme étant le plus capable de diriger avec succès le vaisseau de l'Etat au milieu de tant de difficultés et de circonstances si pénibles, reconnu   jugé enfin pour ce qu'il étoit réellement, fut renvoyé, mais si heureusement remplacé qu'à peine le choix du Roi fut connu, qu'un concert de louanges et de bénédictions parmi lesquelles étoient souvent proférés ces mots : « C'est pour le salut assuré de la France, » se fit entendre de toutes parts, de sorte qu'aux plus fortes craintes et aux plus vives inquiétudes, succédèrent aussitôt le calme, l'espoir, la sécurité et la confiance.

____

(1) Le sieur Fouché.

Hé bien, ce même ministre au choix duquel l'on applaudit alors, avec tout l'élan de la sincérité et de la satisfaction; bientôt après; élevé au poste si important de président du conseil des ministres, ne s'est-il donc pas montré toujours également digne d'inspirer les mêmes sentimens?

Constamment honoré de la confiance la plus intime de son Roi, voilà certes pour beaucoup la réponse la plus affirmative.

Quant à ceux qui pourroient la croire insuffisante, nous leur dirons : Voyez le zèle et la constance avec lesquels, par un travail le plus assidu, il seconde le meilleur des Rois dans ses vues si grandes, si justes et toutes paternelles; ensuite s'il se rend aux Chambres de sa part, soit pour présenter, proposer des projets de lois ou en soutenir la discussion, voyez avec quelle clarté et quelle vérité il les expose, avec quelle prudence et quelle sagesse il parle dans la discussion, et surtout quels accens concilians, qui ne peuvent avoir leur source que dans le véritable amour de la patrie, il fait entendre, afin de tout ramener au seul bien public.

J'ai dit plus haut, ce sont les faits qui parleront, et ils viennent de parler. Il est juste d'y en ajouter un encore, et qui sans doute ne sera pas regardé comme un des moins importans, c'est la confiance entière qu'inspire ce descendant d'un de nos ministres les plus célèbres à tous les cabinets de l'Europe (1), confiance dont il est inutile de relever ici l'extrême avantage pour nous, tant il est aisé à chacun de l'apprécier sa juste valeur.

Voulons-nous aussi juger les autres ministres ? usons du même moyen, c'est-à-dire examinons de même les faits ; comment nous les montreront-ils sinon, zélés, fidèles, inviolablement attachés au Roi ; soigneux, vigilans pour exécuter et faire exécuter ses ordres ; ses assidus, ses éclairés coopérateurs dans ses travaux constans et si pénibles, si sa sollicitude toute paternelle pour ses sujets, ne lui en allégeoit le fardeau ?

Paroissent-ils aux deux Chambres envoyés par le Roi, ou amenés par leurs fonctions, ils y tiennent en tout la même conduite que le digne chef qui les préside ; ils n'y parlent et n'y agissent donc que de la manière la plus propre à hâter et opérer le bien public (2).

Sont-ils attaqués dans leur conduite ministérielle, avec quel calme, quelle clarté, et quelle

____

(1) Ceci étoit écrit avant que la note officielle des puissances eût paru.

(2) C'est ce dont il est très-facile à chacun de se convaincre, puisque pour cela il n'est besoin que de lire dans le Moniteur les diverses séances où ont parlé les ministres. Il en est de même, on doit le dire, des divers discours tenus aux Chambres par tous les commissaires du Roi.

force de raisonnement ils se justifient en opposant, seulement la vérité aux soupçons !

Est-il question d'une loi à faire pour la responsabilité des ministres, bien loin de l'éluder, ils sont les premiers, peut-on dire, à en desirer le prompt établissement, et d'une manière telle que tout bon esprit ne pourroit la desirer plus forte, voulant cette loi non pour les hommes, parce que les hommes passent, mais pour les choses parce que les choses demeurent, suivant l'expression si judicieuse de l'un des ministres à la Chambre des Députés.

CHAPITRE IV.

Des Puissances étrangères.

———

Cet exposé de mon second juste aperçu sur l'état présent des choses, ne pourroit sans doute que paroître incomplet, si un article concernant les puissances étrangères n'y étoit joint ; c'est ce qui me détermine à en faire le sujet de ce quatrième chapitre, d'autant que son importance actuelle pour agir sur les esprits, ne me semble pas être moindre que celle des divers objets dont traitent les chapitres précédens.

Quant à la difficulté qui, d'abord, semble se
présenter de traiter un sujet de cette sorte, elle
s'affoiblit infiniment, et même disparoît, peut-on
dire, devant la résolution de n'en parler qu'avec
une entière franchise, je veux dire exposer tout
ce que l'on en pense, et en place des faits et des
résultats non encore avenus, mettre des proba-
bilités et des vraisemblances qui, en quelque
sorte, puissent équivaloir à la réalité, et dont le
passé soit comme la garantie assurée.

Je commence donc en prenant les choses dès
l'origine de notre revolution : « Les Anglais l'ont
» faite, ne s'est-on que trop écrié ; c'est à l'or
» de Pitt qu'elle doit sa naissance. »

Hé ! en supposant ce grand ministre capable
d'une telle immoralité, qui, sans le moindre
doute, étoit bien loin de son caractère, pouvoit-
on le regarder comme assez peu habile pour avoir
prodigué l'or de l'Angleterre sans le moindre
besoin, puisqu'en effet, d'un côté, l'affreuse
conjuration ourdie dans le sein même des états-
généraux, peu après leur ouverture, et d'un
autre, l'entêtement plein d'orgueil et absurde,
peut-on dire, de ne devoir qu'à la violence ce
que la sagesse et la bonté du meilleur des Rois
avoient si libéralement accordé (1), étoient certes

____

(1) Voyez, dans les papiers d'alors, la séance du 23 juin
1789, et ce qui s'ensuivit, après que M. le marquis de Brézé

plus que suffisans pour occasionner ces troubles
si funestes qui, bientôt amenèrent les suites les
plus déplorables.

Bien loin donc d'attiser imprudemment ou
méchamment un feu aussi dévorant, le gouvernement anglais, au contraire, ne négligea rien
pour s'opposer puissamment à un tel incendie.
Aussi le verrez-vous constamment agir en conséquence, d'abord en secourant la Hollande de
toutes ses forces, et ensuite, ses efforts n'ayant
pas réussi, il n'a cessé, afin de former, de re-
nouer et de soutenir les plus puissantes coalitions,
d'employer crédit, trésors, flottes et armées de
terre, jusqu'au moment où enfin pour la seconde
fois, la France se vit délivrée, à jamais, du plus
insupportable des tyrans.

Voilà des faits avérés, incontestables et si publics, qu'ils sont à la pleine connoissance de
chacun, et tellement palpables que, pour les nier
ou les affoiblir, on leur opposeroit en vain de
fausses suppositions, de vaines imaginations et les
accusations les plus odieuses; tous moyens mis
en usage, applaudis et commandés par le gouvernement révolutionnaire et par l'usurpateur
dont l'intérêt du premier comme du second, étoit

---

fut venu intimer l'ordre, de la part du Roi, aux trois
Ordres, de se retirer, puisque la séance étoit levée,

de verser à pleines mains la calomnie même la
plus grossière (puisqu'à défaut d'un plus grand
mal, il en reste toujours la cicatrice), sur un gouvernement dont ils ne voyoient qu'avec la dernière
frayeur, que les sublimes et constans efforts par-
viendroient enfin à arracher de leurs mains également rapaces et meurtrières, et la France, et
l'Europe, et le reste du Monde.

Aussi, malgré l'absurdité palpable de tant de
fausses inculpations, elles ne laissèrent pas en
France de prendre fortement croyance chez le
plus grand nombre, d'abord sous le régime de
la terreur où c'eût été un crime capital que de faire
paroître quelque doute à cet égard, et ensuite
sous une longue et dure tyrannie où il n'eût pas
été sans danger de combattre par quelques rai-
sonnemens, tant d'accusations atroces qu'il étoit
d'un si grand intérêt pour le tyran et ses fauteurs,
de faire regarder aux peuples comme étant
fondées.

De là, tant de bruits si faux semés à dessein,
et crus beaucoup trop vulgairement, malgré la
contradiction la plus évidente dont ils se trou-
voient être avec les faits réels et publics, qui seuls
suffisoient pour les démentir ; je veux dire tant
d'efforts les plus puissans tentés par l'Angleterre
avec tant de persévérance, et l'emploi constant
de tous ses moyens pour abattre, en France, la
tyrannie.

Parmi ces bruits calomnieux il suffira sans doute, pour en faire connoître toute l'absurdité, de citer les deux suivans, l'affaire de Quiberon et l'évacuation de Toulon, deux événemens des plus malheureux sans doute, et pour la France, l'Angleterre et l'Europe entière, puisque l'effet en fut pour la première, de rejeter bien loin sa libération ; pour la seconde, de continuer de faire peser sur elle le poids si écrasant d'une guerre qu'elle n'avoit résolu de cesser que quand la France et l'Europe seroient sauvées (1) ; et enfin

____

(1) Si l'on pensoit que la paix dite d'Amiens contrarie ce que je viens de dire, je répondrois qu'elle le prouve plutôt, cette paix pouvant être comparée dans son genre à ces exceptions, qui bien loin de détruire la règle, la confirment au contraire ; car personne n'ignore que le gouvernement anglais étoit bien éloigné de la vouloir : mais que le peuple poussé par les clameurs, et trompé par les sophismes de certains membres de l'opposition, et croyant à la possibilité de faire avec Buonaparte une paix stable, força à ce sujet la main au gouvernement anglais, à qui il n'avoit pas été difficile d'apercevoir le piége que ce fourbe lui tendoit par l'appât de la paix : aussi tout en la concluant, l'Angleterre se tint-elle sur ses gardes pour n'être pas prise au dépourvu.

Je passois alors à Gibraltar, où m'étant rendu au cabinet littéraire avec quelques officiers anglais, celui qui le dirigeoit nous annonça que la nouvelle de la paix, conclue à Amiens, venoit d'arriver : là-dessus les doutes les plus forts de nos parts ; à quoi il répondoit que c'étoit la chose la plus assurée. Au milieu de nos débats, survient un

pour cette dernière, de la laisser exposée encore
longues années aux insultes et aux déprédations
du tyran le plus vain, le plus spoliateur et le
plus extravagant.

Ces deux événemens si fâcheux, ceux sous
la tyrannie desquels gémissoit alors la France,
ne manquèrent pas d'en profiter aussitôt pour
accuser de la manière la plus atroce le gouvernement anglais d'avoir agi avec la plus noire
perfidie. Rien n'arrêta les accusateurs, pas même

étranger dont la bonne mine et l'air noble prévinrent aussitôt en sa faveur, ayant connu le sujet de notre conversa-
tion, et s'y étant mêlé, il montra la plus grande incrédu-
lité pour la nouvelle, et l'appuya de choses si solides, et
avec tant d'éloquence, qu'il fut écouté de tous avec le plus
grand intérêt. Mais le bibliothécaire ayant assuré de nou-
veau que la nouvelle de la paix n'étoit pas un faux bruit,
mais une réalité, l'étranger termina en disant : « Hé bien,
» si cela est, il faut tout au plus la regarder comme une
» mauvaise trève et comme une paix plâtrée de la plus
» courte durée, car une véritable paix est impossible avec
» un homme du caractère de Buonaparte. »
Lorsqu'il fut sorti, je demandai son nom : c'étoit
Sidney Smith, cet officier de la marine anglaise, déjà si
connu par sa bravoure et son habileté, et qui depuis a acquis tant de droits à la reconnoissance des hommes par son
excellent établissement d'une société créée * pour le soulage-
ment et même l'extirpation totale du mal le plus grand qui
afflige et désole l'humanité (l'esclavage.)

* Sa noble réunion des chevaliers libérateurs des esclaves.

la pensée si naturelle que l'on ne pouvoit ajouter
foi à une telle calomnie, qu'en regardant en
même temps ce même gouvernement et frappé
dé stupidité et atteint de folie à la fois, puisque
sans contredit si l'accusation des deux faits ci-
dessus eût été fondée, c'eût été de la part du
gouvernement anglais détruire d'une main, pour
ainsi parler, ce qui lui coûtoit tant de soins et de
peines à édifier de l'autre, à l'aide dés plus puissans efforts et au prix de tous les trésors de la
nation anglaise et des flots de son sang versé si
ingénieusement sur tant de champs de bataille (1).

----

(1) Si par hasard ce que je viens d'exposer ne suffisoit
pas pour détromper quelques esprits abusés par une longue
prévention , j'ajouterois de plus que j'ai eu sur ces deux
événemens si malheureux, les renseignemens les plus éten-
dus et les plus positifs.

Ce qui s'est passé à Quiberon, je le tiens de deux braves
officiers présens à toutes les affaires qui eurent lieu alors ,
et qui, en étant échappés comme par miracle, furent tués
ensuite en Egypte , en combattant vaillamment, à la bataille où périt le général Abercromby, qui commandoit
l'armée anglaise.

Quant à l'évacuation de Toulon , j'en ai causé à fond
avec plusieurs Toulonais , témoins de tout ce qui se passa
dans cette circonstance si malheureuse ; et je puis assurer
que toutes ces personnes les plus dignes de foi, m'ont juré
qu'à Quiberon et à Toulon, bien loin que l'on pût taxer
de perfide la conduite des Anglais , elle avoit au contraire
été marquée au coin de la loyauté et de l'humanité.

Ce système de calomnie si favorable aux vues de tout tyran quelconque, ne l'avons-nous donc pas vu se renouveler avec plus de fureur que jamais, à l'époque si fatale du monstrueux règne des cent jours ?

Des propos et des bruits de toute espèce et non moins bizarres qu'ils étoient absurdes, se répandirent et se firent entendre aussitôt de toutes parts. « Le brigand étoit sorti de son antre » pour s'élancer sur la France, sciemment à » la vue d'une station anglaise; un puissant sou-» verain secrètement d'accord avec lui, n'atten-» doit que son entrée dans la capitale, pour se » joindre à lui et le soutenir avec toutes ses forces; » les autres ne nourrissoient que les vues les plus » hostiles et les plus haineuses contre la » France, etc. etc. etc. » A peine l'arrivée de deux armées des princes alliés dans les Pays-Bas, et qui fut si prompte que l'on a pu la comparer à la vitesse de l'éclair, en même temps la marche gé-nérale des troupes de tous les souverains, puis enfin la défaite totale du brigand à Waterloo, purent faire tomber ces bruits qui, plus tôt, se renouvelèrent encore pendant un assez long-temps sous des faces diverses, mais toutes non moins éloignées de toute vraisemblance, et pour le moins aussi dépourvues de tout sens com-mun.

Combien donc est prodigieux le pouvoir de l'opinion, puisque tout erronée et opposée à toute vraisemblance qu'elle puisse être , mais semée et répandue dans un temps de troubles par la fraude avec ses artifices et sa perfidie accoutumés, parmi des esprits crédules, flottans, agités, pleins de défiance, remplis de crainte, et surtout aveuglés par la prévention, elle parvient à s'en emparer et à les dominer au point que, dans un tyran oppresseur, elle leur fait voir un soutien, et ne leur montre au contraire dans des libérateurs que des ennemis !

Mais enfin, grâces à Dieu, il est passé ce temps trop funeste d'erreurs, de préventions et d'illusions si dangereuses ; tout est rentré dans l'ordre, toutes choses paroissent donc sous leur vrai point de vue ; examinons-les avec soin et surtout avec un bon esprit, c'est d'abord le moyen de rester calmés, d'être justes, et ensuite de parvenir au bonheur (1).

______

(1) J'en étois en cet endroit de mon opuscule , lorsque la communication faite aux Chambres par M. le duc de Richelieu , de la note officielle qui lui fut communiquée par les ministres d'Autriche, d'Angleterre, de Prusse et de Russie , relativement à la diminution de l'armée d'occupation en France, parut dans les journaux ; la lecture de cette note si favorable, ainsi que celle si satisfaisante des discours de M. le duc de Richelieu, en faisant aux Chambres cette communication ; ensuite la connoissance des adresses

RÉSUMÉ.

Le moyen le plus propre pour traiter ainsi qu'il convient cet objet, est, je pense, de commencer par insérer ici cette note officielle si importante dont il vient d'être fait mention ; la raison en est qu'elle peut être regardée comme une base solide sur laquelle viennent s'appuyer les diverses opinions que j'ai énoncées dans les chapitres qui précèdent, et auxquelles elle donne, peut-on dire, toute la force de la vérité.

Je cède en outre d'autant plus facilement à mon idée d'insérer ici cette note précieuse que l'on ne sauroit, ce me semble, la retrouver en trop d'endroits.

Note officielle relative à la diminution de l'armée d'occupation.

« Les Cours d'Autriche, d'Angleterre, de des Chambres au Roi à ce sujet, et des deux réponses faites par Sa Majesté, n'ont pu que me confirmer pleinement dans les diverses opinions que j'ai émises dans ces quatre chapitres, puisqu'ainsi elles ont acquis, ce me semble, une entière évidence : il ne me reste donc plus, afin de terminer, qu'un court résumé à faire suivre.

Prusse et de Russie, ayant pris en considération
le désir manifesté par S. M. T. C. de voir dimi-
nuer le nombre de l'armée d'occupation, et pro-
portionnellement celui des charges que sa présence sur le territoire français exige, ont auto-
risé les soussignés à faire à Son Exc. M. le duc
de Richelieu, président du conseil des ministres,
et secrétaire d'Etat au département des affaires
étrangères, la communication suivante :

» Au moment où le Roi, rétabli sur son trône
et mis en possession de son autorité légitime et
constitutionnelle, chercha, de concert avec les
autres puissances, les moyens les plus efficaces
de consolider l'ordre intérieur en France, et
d'associer son royaume au système de bonne in-
telligence et de pacification générale interrom-
pues par les troubles qu'on venoit à peine d'ar-
rêter, il fut reconnu que la présence temporaire
d'une armée alliée étoit absolument nécessaire,
soit pour rassurer l'Europe contre les suites des
agitations qui menaçoient de se renouveler, soit
pour offrir à l'autorité royale l'occasion d'exer-
cer dans le calme son influence bienfaisante, et
de se fortifier par l'attachement et la soumission
de tous les Français.

» La sollicitude de S. M. T. C. de rendre cet
expédient indispensable le moins onéreux à ses

sujets, et la sagesse qui dirigea les souverains alliés dans tous les arrangemens qui furent stipulés à cette époque, les portèrent à prévoir d'un commun accord le cas où la diminution de l'armée d'occupation pourroit avoir lieu sans affoiblir les motifs, ou nuire aux grands intérêts qui en avoient rendu la présence nécessaire.

» Ces conditions, les soussignés aiment à les rappeler avec une vraie satisfaction : elles consistoient dans l'affermissement de la dynastie légitime, et dans le succès des efforts et des soins de S. M. T. C., pour comprimer les factions, dissiper les erreurs, et réunir tous les Français autour du trône par les mêmes vœux et les mêmes intérêts.

» Ce grand résultat désiré et réclamé par l'Europe entière, ne pouvoit être ni l'ouvrage d'un moment, ni l'effet d'une seule tentative. Les puissances alliées ont vu avec une attention suivie, mais non avec étonnement, les divergences d'opinions qui ont existé sur le mode de l'obtenir. Dans cette attitude, elles ont attendu de la haute sagesse du Roi, les mesures propres à fixer ses incertitudes, et à imprimer à son administration une marche ferme et régulière ; ne doutant pas qu'il ne sût allier avec la dignité du trône et les devoirs de sa couronne, cette magnanimité qui, après les discordes civiles, rassure et encourage les foibles ; et, par une confiance éclairée, excite le zèle de tous les autres.

» Une heureuse expérience ayant déjà rempli, autant que la nature des choses pouvoit le permettre, l'espoir de l'Europe à ce sujet, les souverains alliés, jaloux de contribuer à ce grand ouvrage, et de faire jouir la nation de tous les biens que les efforts et la sagesse de son Roi lui préparent, n'hésitent nullement à regarder l'état actuel des affaires comme suffisant pour fixer la question qu'ils ont été appelés à décider.

» La bonne foi avec laquelle le gouvernement du Roi a rempli jusqu'à ce moment les engagemens pris envers les alliés, et les soins qu'il vient d'employer afin d'assurer les différens services de l'année courante, en ajoutant aux ressources provenant des revenus de l'Etat, celles d'un crédit garanti par les maisons de banque étrangères et nationales les plus considérées en Europe, ont également fait disparoître les justes difficultés qui auroient pu s'élever sur le point de la question proposée.

» Ces considérations ont été fortifiées en même temps par l'opinion que S. Exc. M. le maréchal duc de Wellington a été invité à émettre sur un objet d'une si haute importance.

» Le suffrage favorable et l'autorité d'un personnage aussi éminent ont ajouté aux motifs déjà prévus, tous ceux que la prudence humaine

pouvoit réunir pour justifier une mesure deman-
dée et consentie, avec les sentimens d'une bien-
veillance sincère et réciproque.

« Les soussignés se trouvent en conséquence
autorisés par leurs Cours respectives à notifier à
S. Exc. M. le duc de Richelieu :

» 1°. Que la réduction de l'armée d'occupation
sera effectuée ;

» 2°. Qu'elle sera de trente mille hommes sur
l'armée entière ;

» 3°. Qu'elle sera proportionnée à la force de
chaque contingent, c'est-à-dire d'un cinquième
sur chaque corps d'armée.

» 4°. Qu'elle aura lieu à commencer du 1er avril
prochain ;

» 5°. Que dès cette époque, les 200,000 rations
par jour, fournis pour la troupe par le gouvernement français, seront réduites à 160,000, sans
néanmoins rien changer aux 50,000 rations de
de fourrage destinées à la nourriture des chevaux ;

» 6°. Enfin, que dès la même époque la France
jouira en outre de tous les avantages provenans
de ladite réduction, en conformité des traités
et conventions existans.

» En communiquant un témoignage aussi écla-
tant d'amitié et de confiance envers S. M. T. C.
de la part de leurs augustes maîtres, les soussignés aiment à déclarer en même temps à

S. Exc. M. le duc de Richelieu combien les principes du ministère qu'il préside, et ceux qui lui sont personnels, ont contribué à établir cette franchise mutuelle qui, dirigée par la justice et la lettre des traités existans, a su jusqu'à présent régler tant d'affaires délicates, et donner pour l'avenir les gages les plus rassurans d'une conclusion définitive et satisfaisante.

» Ils saisissent cette occasion pour renouveler à M. le duc de Richelieu les assurances de leur haute considération. »

Signé, Le Baron DE VINCENT,

Charles STUART,

Le Comte DE GOLTZ,

POZZO DI BORGO.

Paris, 10 février 1817.

Hé bien, tout ce que l'on peut désirer ne se trouve-t-il pas réuni dans cette pièce si intéressante? Ce sont les souverains alliés eux-mêmes qui y parlent avec autant de franchise que de cordialité; et tout ce qu'ils disent ne nous confirme-t-il donc pas que nous avons un Roi dont la haute sagesse, les profondes lumières et la sollicitude toute paternelle pour ses peuples, ont conquis leur confiance et leur amitié?

En disant qu'une heureuse expérience a déjà

rempli, autant que la nature des choses pouvoit le permettre , l'espoir de l'Europe, celui de voir tous les Français réunis autour du trône par les mêmes vœux et les mêmes intérêts, n'est-ce pas faire le plus digne éloge des Chambres , puisqu'elles n'ont pu que coopérer puissamment à ces heureux résultats par leur zèle à concourir aux excellentes vues du Roi, en adoptant les divers projets de lois de ce prince aussi éclairé que bienfaisant?

Le dernier paragraphe de la note officielle, concernant les ministres du Roi et celui qui les préside si dignement, n'offre-t-il pas dans ses expressions, tout ce qu'il y a de plus capable de leur donner les plus justes droits à la confiance publique?

Enfin, cette admirable pièce, dans tout son contenu, ne respire de la part des plus puissans et des plus illustres souverains, qu'une entière bien-veillance pour la France, le désir le plus sincère de sa restauration , et l'assurance la plus forte d'y coopérer; « jaloux (c'est ainsi que ces excellens » princes s'expriment) de contribuer à ce grand » ouvrage, et de faire jouir la nation de tous les » biens que les efforts et la sagesse de son Roi » lui préparent, etc. » Jamais donc promesses ont-elles été plus positives ? Ont-elles reposé sur une base qui fût plus assurée ? Ah ! sans doute elles équivalent à la réalité, puisqu'elles prennent leur source dans cette vertu, l'amour de l'humanité, que nourrit si chèrement le cœur de ces augustes princes, dont la bienfaisance anime toutes les actions, et que secondent de tous leurs efforts et de tous leurs talens, des ministres si dignes de tels souverains.

Le commencement de ces consolantes promesses va être incessamment effectué, et pourroit être regardé comme une garantie pour la suite, s'il en étoit besoin.

Pour rassurer encore la pensée à cet égard, s'il étoit nécessaire de la rassurer, se présente à elle un homme, dont sans doute l'on peut dire sans crainte d'exciter la jalousie, que c'est le premier homme de l'Europe : son opinion faite pour jeter le plus grand poids dans la balance, a été consultée, et son suffrage a été favorable.

Qu'attendons-nous donc de plus que tout ce que nous venons de voir de si évidemment propre à inspirer la confiance la plus entière, pour nous y livrer? Ah ! écartant enfin toutes craintes et tous soupçons, bannissant les inquiétudes et les agitations, et surtout mettant de côté toute prévention, jouissons déjà d'un espoir assuré de notre retour au bonheur, ne faisons plus d'autres efforts que ceux qui peuvent en hâter la réalité: ils seront des plus faciles à faire ces efforts, ou plutôt il ne nous en coûtera aucuns, puisqu'il nous suffira seulement pour cela « d'aimer notre » Roi, de le laisser faire, de l'assister de tous » nos moyens, et de nous abandonner pour le » reste à son amour (1). » Telles sont les conditions si douces que nous avons à remplir, et notre retour au bonhenr est assuré. Gardons-nous donc bien de perdre même un seul instant pour les accomplir, puisque c'est un moyen sûr de faire suivre du plus beau jour, cette aurore du bonheur de la France (2) dont l'aperçu a rempli de joie le cœur de NOTRE BIEN-AIMÉ ROI.

---

(1) Voyez l'adresse au Roi, de la Chambre des Pairs.

(2) Voyez la réponse du Roi à l'adresse de la Chambre des Pairs.

www.ingramcontent.com/pod-product-compliance
Lightning Source LLC
Chambersburg PA
CBHW061123050726
47594CB00005B/2066